HAM ET CLAIRVAUX

HAM

ET

CLAIRVAUX

TROYES. — IMP. DUFOUR-BOUQUOT

HAM ET CLAIRVAUX

Le duc d'Orléans est en liberté, — mais en exil.

Avec habileté, le Président de la République a abrégé les ennuis et les longueurs de sa captivité.

Le Prince n'a pas demandé grâce.

Il est fièrement entré en prison.

Il en est sorti dignement.

Ce premier acte de sa vie publique s'est admirablement accompli.

En voyant les portes de Clairvaux se fermer sur le duc d'Orléans, on s'est souvenu que les portes de Ham s'étaient ainsi fermées sur le prince Louis-Napoléon, et que la prison avait été pour lui le vestibule de la salle du Trône.

De cette captivité identique chez deux prétendants, l'opinion publique en est arrivée vite àprésager pour le jeune duc d'Orléans une semblable destinée.

Evidemment les commencements de la carrière politique des deux Princes, avec la différence des caractères et des antécédents, offrent une certaine analogie. Ils suivent une ligne à peu près identique.

Seulement, pour le moment, un abîme les sépare. Ils ont bien, tous les deux, escaladé la légalité du jour ! — Mais si le prince Louis-Napoléon a dit à la France :

« Je viens pour commander ! Place au Trône ! »

« Je viens pour obéir et servir ! Place à la gamelle ! » a dit le jeune duc d'Orléans.

Heureusement, il a ajouté : — « Je ne comprends la place d'un Prince qui veut régner, qu'au régiment, en exil, ou en prison. »

A la bonne heure ! Voilà le vrai langage d'un prétendant !

Car sans cela, sa démarche, si honorable qu'elle fût, eut été celle d'un bon jeune homme qui, mis dehors par une belle-mère injuste et acariâtre, fut revenu frapper à sa porte et lui offrir ses services. Pour le remercier, elle le fait enfermer !

Tout le monde blâmerait l'acte brutal et plaindrait le martyr, en disant cependant : « Pour être un bon jeune « homme, c'est certainement un bon jeune homme, mais « il est un peu naïf ! »

Le duc d'Orléans, lui, a agi et parlé en Prince qui sait ce qu'il veut, a un but et un objectif; à peine libre par l'âge, le jour même, il se lance sur la scène et fait tout ce qu'il pouvait faire, la situation étant donnée : il l'a fait avec hardiesse et décision ; il a trouvé le mot juste pour répondre à tout, il a accepté d'avance les deux ans de prison et il a fait répéter partout en France ces mots, que j'espère vrais : « Enfin ! voilà un homme ! »

L'entrée du prince Louis-Napoléon avait été bruyante; à Strasbourg, le colonel Vaudrey le reçoit à la tête de son régiment au cri de : Vive l'Empereur ! Après Boulogne, la Chambre des Pairs se réunit pour le juger. Il arrive, portant le Grand Cordon de la Légion d'honneur, entouré de ses complices: colonel Voisin,

commandant Mésonan, colonel Parquin, lieutenant-
colonel Laborde, colonel Montauban, etc., etc., et Fialin
de Persigny, commandant les guides à cheval (qui
devaient à Boulogne prendre la tête de la colonne de
marche).

Les uns avaient appartenu, ou appartenaient, à
l'armée ; les autres avaient reçu leurs grades du futur
souverain.

Lui, il profite du théâtre qui lui avait été donné, pour
parler à la France, en s'adressant aux Pairs :

« Messieurs,

« Je représente devant vous un principe, une cause,
« une défaite.

« Le principe, c'est la souveraineté du peuple,

« La cause, celle de l'Empire,

« La défaite, Waterloo !

« Le principe, vous l'avez reconnu.

« La cause, vous l'avez servie.

« La défaite, vous voulez la venger ! »

Malgré son exposé de principe et le talent de Berryer,
le 10 octobre 1840 le prince Louis-Napoléon, condamné
à la prison perpétuelle, entrait à Ham ! C'est de là qu'il
écrivit ces mots :

« Je ne désire pas sortir des lieux où je suis, car ici je
« suis à ma place ; avec le nom que je porte, il me faut
« l'ombre d'un cachot, ou la lumière du pouvoir ! »

(Ce qui ne l'a pas empêché, quand il en a eu assez, de
la prison, de prendre la clef des champs.)

Les grands politiques ont ri bien longtemps du héros
de Strasbourg et de Boulogne ! Mais le peuple, lui, ne
riait pas, il s'était dit : « Il y a là un Prince audacieux qui
« peut avoir son jour d'utilité ! »

Et au 10 décembre, le peuple a prouvé qu'il avait
bonne mémoire !

Le duc d'Orléans a eu une entrée en scène plus modeste; il est venu seul, entre deux gendarmes, s'asseoir sur le banc sali la veille par les plus crapuleux voyous de Paris... Le descendant de Henri IV ! le petit-fils du roi Louis-Philippe !

Mais le peuple ne s'y est pas mépris, il ne s'est pas trompé, il a compris que plus le théâtre était ignoble, plus éclatante devait être la manifestation de l'opinion publique, il a applaudi ce jeune Prince qui a eu la crânerie de tout faire et de tout dire; et, quand les journaux ont annoncé qu'il avait demandé la Messe, j'ai entendu dans un groupe d'ouvriers : « Eh! bien, c'est un gaillard « qui a le courage de son opinion ! »

C'est ce que l'on aime en France; et l'un des orateurs et des publicistes des plus éminents de notre époque, a dit lui-même, malgré ses opinions bien connues :

« La France cherche un homme, si c'était lui !... »

Le duc d'Orléans a conquis, non seulement tous les royalistes, mais il a excité aussi de très vives sympathies chez tous les *Tricolores*.

Les *Tricolores*, ce sont ces dix millions de Français qui veulent l'ordre, l'égalité, la liberté et le travail! Leurs rangs s'étendent du sein de l'aristocratie jusqu'à ces Jacobins sur le dos desquels il y a toujours place pour......... *un habit de sénateur !*

Le roi Louis-Philippe, si calomnié et si bon roi cependant, avait groupé autour de son gouvernement, avec une extrême habileté, cette masse populaire énorme; il n'avait alors contre lui que les légitimistes fidèles au principe, et les quelques républicains, cachés dans les sociétés secrètes, dont l'existence était constatée par des attentats ou des émeutes : Fieschi ou Barbès; ou les lecteurs rares, plus pacifiques, du *National*.

Après la révolution de Février, qui fut une surprise pour tout le monde, aussi bien pour les républicains arrivés que pour le roi qui, de Dreux, demandait qu'on lui envoyât ses voitures à Eu : mais surtout pour la garde nationale épouvantée d'avoir contribué à renverser le Gouvernement qui la personnifiait, le parti des *Tricolores* s'est divisé : les uns sont passés à la République, la masse s'est ralliée au nom de Napoléon, et un état-major d'esprits d'élite, fort goûté du faubourg Saint-Honoré à l'Institut, et ayant partout de nombreuses ramifications dans la bourgeoisie éclairée, a constitué ce qu'on appelait le parti *Orléaniste*.

Depuis la chute de l'Empire et la mort du Prince Impérial, le parti des *Tricolores* hésite et flotte, incertain ; les uns sont républicains de circonstance, les autres, mécontents, cherchent à qui se rallier et restent indifférents. M. de Cassagnac a inventé le mot des *n'importequistes* ; d'une manière plus triviale, en descendant plus bas, on en arrive aux *Je m'enfoutistes*. Cette disposition de l'esprit public tient à l'habileté de certaines combinaisons politiques, les *Chinoiseries*, si subtiles, si déliées que, n'en comprenant pas le mécanisme et n'en pouvant pas voir les résultats (par un excellent motif), le gros public s'est détaché des hommes et des choses, attendant de nouveaux acteurs. Un instant il a cru en Boulanger et l'a suivi. Celui-ci a laissé échapper les occasions. Il a manqué d'esprit politique et de résolution... et puis le désenchantement est arrivé, et il est complet.

Ayant déjà pour lui les royalistes qui, après la mort du comte de Chambord, se sont ralliés au chef de la Maison de France, le duc d'Orléans aujourd'hui peut profiter de cette situation. Il n'y a pas de prévention contre lui ; au contraire, ses débuts ont plu. Le nom du duc d'Orléans ne réveille au sein des masses que des souvenirs sympathiques. Au 24 février, le peuple vainqueur, qui pilla les Tuileries, respecta les portraits et les appartements du duc d'Orléans. Sacre populaire(1) d'une espèce nouvelle dont son petit-fils pourrait bien profiter!

Républicains et Bonapartistes peuvent, en faisant un retour sur le passé, se rappeler l'époque où ce nom les ralliait presque tous. On n'a pas d'objections pour le passé et, dans le moment actuel, on est sympathique au jeune homme qui le porte. Dans quelques mois, son mariage avec la fille de Robert-le-Fort, justifiera ce mot : « C'est la France qui épouse la France ! »

Cette situation constitue une force morale incontestable, la plus grande qu'aucun homme ait réuni depuis longtemps. Si l'on mettait aux voix le nom du duc d'Orléans, Dieu sait les surprises que les urnes nous réserveraient!! Il est jeune, c'est vrai ; mais il a montré qu'à la hardiesse et à la décision, il savait joindre l'à-propos et la juste mesure dans cette représentation donnée à la France sous l'œil des juges de la police correctionnelle.

Il en a appelé, de sa condamnation, au verdict des deux cent mille conscrits de sa classe ; et ce verdict a été rendu aussi par l'opinion publique d'une manière éclatante et incontestable.

Aujourd'hui, il tient la corde.

Les royalistes sauront-ils tirer parti de cette situation? Cette situation, le Prince saura-t-il la conserver?

Ce que je sais, c'est qu'il est sorti de prison intact et grandi dans l'opinion.

----

(1) Voir Anecdotes sur la Révolution de Février, p. 13.

Et quand le Comte de Paris a serré son fils dans ses bras, il a reçu la plus douce récompense pour le cœur d'un père, récompense bien due à sa haute valeur et à sa sollicitude paternelle : c'est d'avoir si bien élevé son fils, que la France acclame dans le fils les sentiments inspirés par le père !

La faiblesse du prince Victor-Napoléon, c'est son père qu'il n'a pas eu la hardiesse de jeter complètement par dessus le bord, au point de vue politique.

Il devait dire au Pays :

« Comme fils, je respecte profondément, dans mon
« père, l'homme privé ; comme homme politique.
« d'autres devoirs me sont imposés ; je le combats res-
« pectueusement, mais résolument. »

Tout ceci a été *à peu près dit, à peu près fait,* mais mollement. Le père vivant, le fils ne se débarrassera pas du poids qui pèse sur lui.

Le duc d'Orléans est dans une situation toute différente. Il a pris, par la force des choses, la première place dans l'opinion parmi les Prétendants, ou plutôt, parmi les Candidats qui, avec des titres divers, sont discutés et seront soumis à la consultation nationale ; sa situation est fortifiée par son union respectueuse avec son père ; c'est le cas de dire : un et un font *un.* A lui la jeunesse, l'audace, la décision, pondérées par l'affection prudente de son père.

L'autre jour, dans le *Figaro,* M. Halanzier disait que notre public se fatiguait vite des meilleures troupes ; qu'est-ce donc quand les acteurs ne sont pas goûtés du public et que leurs rôles sont médiocrement interprétés ?

Depuis vingt ans, que d'acteurs politiques ont été sifflés !

La France veut de nouveaux acteurs, des hommes plus jeunes, des noms moins politiquement décriés ! Feront-ils mieux que leurs devanciers ! Espérons-le ! Mais, en tout cas, ils ne pourront faire pis !

Toutes les combinaisons politiques, inventées par les Sous-Burgraves de l'époque, se sont écroulées au souffle des événements ; toutes leurs combinaisons ont été déjouées. Quand ils ont eu le Pouvoir ils n'ont su, ni le conserver, ni même en profiter.

Les jeunes sauront-ils prendre le Pouvoir, le garder, s'en servir ? A l'œuvre, on les verra.

Qu'ils honorent leurs devanciers, mais qu'ils ne les imitent pas !

L'Institut offre des retraites honorables. La culture des plantes est le délassement des grands esprits fatigués. Mais c'est avec des hommes nouveaux que le pays voudra voir se jouer la pièce nouvelle.

Tous les hommes de la République actuelle sont des hommes inconnus hier encore ; est-ce à dire qu'ils vaillent mieux que les anciens ? Je ne me prononce pas. Mais M. Carnot fait meilleure figure que M. Grévy, et M. Constans n'est pas des plus maladroits.....

Le duc d'Orléans a des commencements qui rappellent le prince Louis-Napoléon, et le public dit de lui : « Le cas échéant, le duc d'Orléans n'hésiterait pas !.... » A quoi faire ?.... Qui sait ?.... Mais il a prouvé qu'il était un homme d'action ; cela suffit pour le moment, et c'est la cause de la popularité qui s'attache à son nom.

Sans copier le Prince Louis-Napoléon, dont il a l'audace, qu'il songe que tout n'est pas à dédaigner dans la façon de faire des Bonaparte. Il peut voir dans l'histoire comment les Bourbons sont tombés, et comment les autres sont arrivés !

Que le jeune Prince sache, comme l'Empereur, choisir son personnel, c'est le point essentiel. A l'époque, on l'a plus ou moins justement dénigré, mais un fait incontestable : Louis-Napoléon savait inspirer des dévouements absolus, et il a trouvé, dans la fidélité de son entourage, ces dévouements si nécessaires qui ont aidé à sa fortune.

Avec lui on était sûr de ne pas être abandonné en route, et, si le duc d'Orléans profite des loisirs forcés que lui fait la République, pour lire et méditer l'histoire du passé, il verra que les souverains qui ont sacrifié leurs plus fidèles serviteurs ont payé, par la perte de leur tête ou de leur trône, les défaillances politiques qui alors paraissaient des habiletés.

Strafford a précédé Charles Ier sur l'échafaud.

En laissant partir M. de Villèle, Charles X a permis que la Dauphine lui dise : « Vous abandonnez M. de Villèle, c'est la première marche du trône que vous descendez. »

Et la chute de M. Guizot a précédé de quelques heures seulement celle du Roi Louis-Philippe !

Le duc d'Orléans trouvera des dévouements jeunes et actifs, le personnel ne lui manquera pas ; qu'on ait la conviction qu'il ne manquera pas aux dévouements qui voudraient aller avec lui jusqu'au bout !

Il a fièrement porté, sans le déployer encore, le drapeau tricolore royal, et les masses, comme la jeunesse, suivront le premier Conscrit de France !

Mais qu'on ne laisse pas refroidir l'opinion publique.

Le duc d'Orléans doit rester l'objectif populaire....

Ce qu'il y a à faire est indiqué........................
et Clairvaux deviendra comme Ham, ainsi que le pressent déjà le bon sens populaire, l'étape qui conduira un jour le prisonnier d'hier à la Salle du Trône!

.... Quand ? ?

UN TRICOLORE.

ANECDOTES SUR LA RÉVOLUTION DE FÉVRIER

(LA PRISE DES TUILERIES)

Le 24 février dans l'après-midi, au moment où les troupes évacuaient par ordre les Tuileries, le peuple vainqueur prenait leur place (sans combat et sans danger). Une bande d'insurgés arriva dans la cour des Tuileries, conduite par un homme d'une taille colossale, avec une grande barbe rousse à moitié blanche (peut-être un ancien combattant de Juillet), coiffé d'une vieille casquette en peau de loutre, sans visière, les bras nus, les mains noires de poudre, un fusil à la main. Il venait sans doute de faire le coup de feu à la place du Palais-Royal et de brûler les soldats du 14e enfermés dans le poste du Château-d'Eau.

Cet individu, à la tête d'une bande armée, entre au pavillon de Marsan, occupé alors par la duchesse d'Orléans et ses enfants. La Princesse venait de partir pour aller à la Chambre; ses appartements étaient ouverts, mais ceux occupés par le duc d'Orléans avaient été fermés depuis sa mort et laissés dans l'état où ils se trouvaient le 13 juillet. C'était un sanctuaire où la Princesse venait apporter le pieux souvenir de ses prières pour le Prince si digne d'être aimé et qu'elle adorait si justement.

Le chef de bande essaie d'ouvrir la porte du salon du duc d'Orléans. Trouvant de la résistance, il donne un violent coup de crosse et, se retournant vers un vieux serviteur resté à son poste, et qui, quelques heures après, me raconta l'incident les larmes aux yeux, lui dit :

« — Ouvrez-nous. Qui est-ce qui demeure-là ?

« — Ce sont les appartements du feu duc d'Orléans, qui sont fermés depuis sa mort.

« — Ah!.... dit l'homme avec une surprise émue!

Puis, se retournant vers sa bande, d'une voix de stentor il crie:

« — Silence.... et respect, vous autres,.... et qu'on ne touche à rien. Nous entrons chez le duc d'Orléans! »

Effectivement, les portes ouvertes, toute cette bande, suivie de bien d'autres, traversa les appartements du Prince sans toucher à un seul des objets précieux ou intéressants qui le meublaient ; et, à quelques pas, les autres appartements du Palais étaient dévastés, mis au pillage, les portraits criblés de coups de fusil.

Et ce même insurgé, s'arrêtant devant le beau portrait du Prince (d'Ingres, je crois), qui était dans le salon, souleva sa coiffure de loutre et, tout ému s'écria : « Pauvre jeune homme, va ! ! »

Tant il est vrai qu'il y a dans le cœur du peuple Français, même dans ses jours de colère et d'égarement, un sentiment de justice et de loyauté, dont l'anecdote précédente est une preuve touchante et historique.

Presque au moment où les incidents que nous venons de raconter avaient lieu au pavillon de Marsan, de l'autre côté du palais des Tuileries, une scène d'un autre genre se passait au pavillon de Flore.

Le rez-de-chaussée du Palais, élevé de plusieurs marches, était séparé du quai et du jardin par un fossé de deux ou trois mètres de profondeur. Il avait été habité par la princesse Adélaïde, sœur du roi Louis-Philippe. Elle était morte depuis quelques semaines seulement ; ses appartements, dont les fenêtres donnaient sur le Pont-Royal et le jardin, étaient fermés, et les volets extérieurs l'étaient également.

Lorsque les masses populaires virent les troupes abandonner pacifiquement le Palais, elles se précipitèrent en foule à leur suite. La place du Carrousel d'abord, la cour des Tuileries ensuite furent envahies. Une partie de ces masses venait du côté de la rue de Richelieu et du Palais-Royal; elle comptait une certaine quantité d'hommes armés qui avaient fait le coup de feu contre la troupe et la garde municipale.

Par le bord de la Seine, le quai du Carrousel, arrivaient des colonnes qui s'étendaient à perte de vue jusqu'au Pont-Neuf. La foule, de ce côté, était peu armée ou pas armée : quelques fusils de chasse ou des armes prises aux soldats tués ou désarmés, des sabres de cavalerie, des pistolets, des bâtons et même des broches que des cuisiniers ou pâtissiers en veste blanche portaient militairement sur l'épaule....

Cette foule, trouvant les portes ouvertes, prit la place des troupes qui s'en allaient par le jardin, pendant que la cavalerie dégringolait l'escalier de marbre existant alors sous le pavillon de l'Horloge, et les suivait dans leur retraite.

Le rez-de-chaussée du Palais fut d'abord envahi, et les appartements de la princesse Adélaïde immédiatement remplis de populace.

Les grands volets furent violemment ouverts, et à travers les immenses fenêtres, dont les carreaux volèrent en éclats, on put voir la masse bigarrée dont les guenilles et les blouses faisaient un contraste saisissant avec les dorures des lambris qu'on apercevait et les lourds rideaux de soie des larges fenêtres, auxquelles se pressait joyeusement le *Peuple vainqueur!*

Au même instant, une compagnie de garde municipale, oubliée sans ordre de retraite au fond de la place du Carrousel, déchargea ses armes en l'air. En entendant un feu de peloton dont elle ignorait la cause, toute cette foule qui avait envahi le Palais crut être tombée dans un traquenard, et qu'en la laissant entrer, c'était une ruse de guerre pour l'exterminer.

Ce fut alors une déroute impossible à décrire. Les fenêtres étaient devenues trop étroites pour laisser passer les vainqueurs qui, au risque de se casser le cou, sautaient en cascades humaines dans les fossés....

Quant aux masses qui encombraient le quai du Carrousel, sous l'empire de la même panique, en moins de temps que je n'en mets à l'écrire, elles avaient disparu. Elles se précipitaient affolées sur les berges de la Seine, jetant armes et bagages, les fusils, les sabres comme les broches. On voyait sur le quai, devenu désert, jusqu'à des cuirasses, des casques, des hallebardes du temps de la Ligue!!

Avec la différence des temps et des circonstances, ce fut une seconde édition de la scène du 10 Août, quand le feu des suisses balaya d'abord les Marseillais.

En 1848, il n'y eut là, que je sache, ni morts ni blessés. Dans la matinée seulement, la livrée d'un homme des écuries du Roi servit de cible; et, comme il était dans sa veste écarlate, il fut adroitement tiré et tué, c'est-à-dire assassiné !! J'oubliais les maréchaux de France qui furent fusillés dans leurs cadres par les vainqueurs, alors que, revenus de leur panique, ils rentrèrent (d'abord avec une demi confiance) dans le Palais désert : mais ils furent vite rassurés, et ce fut alors un massacre complet des meubles, de la vaisselle, des tableaux, des objets d'art, et avec un acharnement expliqué par la colère d'une déroute première bien mal justifiée !

Mais il arriva ceci : les vainqueurs se trouvèrent si bien dans le Palais, qu'un grand nombre ne voulut plus en sortir ; les caves étaient bien garnies, les cheminées bonnes, le bois abondant, les lits fort appréciés par les vierges de Saint-Lazare, qui partageaient les fatigues de la garnison : ce qui restait des provisions et du mobilier royal suffisait à leur existence et à leurs habitudes !

Comme les murs des Tuileries avaient trois mètres d'épaisseur, et qu'il eût fallu du canon pour les faire sortir de cette forteresse, le Gouvernement provisoire fut fort embarrassé : on parlementa, et on adjoignit des blessés au corps d'occupation ; mais, quand ceux-ci furent guéris, ils firent comme les premiers occupants ; s'y trouvant bien, ils ne voulaient plus déguerpir ; c'est pour eux qu'un mauvais plaisant, les voyant en robes de chambre se promener allègrement sur les terrasses du Palais, modifia ainsi en les montrant du doigt, devant un groupe de promeneurs arrêtés et gouailleurs, ce beau chant des Girondins :

> *Nourri* par la Patrie,
> C'est le sort le plus beau
> Le plus digne d'envie !

Les Tuileries sont brûlées, les blessés disparus ; mais la France, assez riche pour payer sa gloire, fait aux survivants de ces faits lointains des pensions bien justifiées, comme pour les victimes du Deux-Décembre, et on peut toujours chanter, car c'est toujours vrai :

> *Nourri* par la Patrie
> C'est le sort le plus beau
> Le plus digne d'envie !!

> .....Le plus digne d'envie ? ? ?

> ?